inglés fácil para tí

tercera
edición

Inglés fácil para tí

tercera
edición

Título de la obra: *Inglés para tí.*

© 2007 TERCERA EDICIÓN, S.A. DE C.V.
© 2007 GABY GÓMEZ

1a. edición: Marzo 2007

ISBN: 968-5768-55-2

Cuidado de la edición: TYPE

La presente obra no podrá ser reproducida o publicada, parcial ni totalmente con fines de lucro o ser cedida a terceros sin la previa autorización de su autor o de sus editores.

Impreso y hecho en México. Printed and made in Mexico.

www.terceraedicion.com
ventas@terceraedicion.com

Introducción

Listo para trabajar y comenzar una nueva vida, pero te falta una cosa: hablar inglés. No te preocupes, con *Inglés Para Tí*, este problema se resolverá según tus ganas de aprender.

Entendemos los problemas con los que te encuentras, al tratar de asimilar un idioma extranjero. Andar por el sendero del aprendizaje es todo un reto; por eso queremos ayudarte a que obtengas el mayor éxito en esta andadura.

Este libro guía a todos aquellos que luchan por conseguir una vida mejor, tanto a nivel laboral, como personal. Puesto que aquellos que conversan inglés se consideran afortunados. No sólo porque han aprendido a hablarlo, sino también porque han accedido a mejores oportunidades.

Ahora es tu momento y con empeño lograrás el objetivo de hablar este idioma. Y no sólo podrás comunicarte en inglés, sino que el proceso de aprenderlo será de una manera divertida, agradable y práctica.

No será difícil, y ten en mente que *Inglés Para Tí* siempre estará contigo en tu aprendizaje.

Inglés Para Tí es un libro ameno y atractivo en el cual podrás acercarte más al idioma inglés, que tanto deseas dominar.

El libro comienza con un nivel muy básico y, por tanto, es ideal para principiantes o personas que necesiten refrescar el inglés que aprendieron hace tiempo.

En el texto encontrarás algunos recursos interesantes: listas de vocabulario en inglés y su significado en español, diccionario, curiosidades del idioma, juegos de palabras y, lo más importante, su pronunciación al español.

Al lado de una oración en inglés estará la misma frase para leerse en español. Al hacerlo, automáticamente pronunciarás en inglés.

Por ejemplo:
No hablo inglés   (En español
I do not speak english   (En inglés
(Ái du not spík inglish (Para leerse en español

No hay manera de equivocarse. Las frases se leerán es español y fonéticamente se escucharán en inglés. Y conforme a la práctica, nadie notará la diferencia.

Frases de cortesía

Encantado en conocerle
Glad to meet you
Glad tu mít yu

Dele mis saludos
Give them my regards
Gív dém mái rigárds

Te veré después
I will see you
Ái uíl sí yú

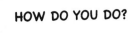

¿Cómo se siente?
How do you feel?
Jáu du yu fíl?

¿Cómo está?
How do you do?
Jáu du yu dú?

Estoy muy agradecido
I am very grateful
Ái am véri gréitful

¿Me permite?
Do you mind?
Du yu máind?

Disculpe
I apologize
Ái apoloyáis

Un amigo mío
A friend of mine
Éi frend of máin

Hasta luego
So long
So lóng

Adiós
Good bye
Gúud bái

Preguntas

¿Cuánto?
How much?
Jáu moch?

¿Por qué?
Why?
Juái?

¿Cuál?
Wich one?
Uích uán?

¿Dónde está?
Where is?
Juéar is?

¿Cómo?
How?
Jáu?

¿Cuándo?
When?
Juén?

¿Qué?
What?
Juát?

¿Tiene usted?
Have you?
Jáv yu?

¿Quién?
Who?
Júu?

WHERE IS the soccer ball?

Para deletrar nombres, use la siguiente pronunciación del alfabeto:

A (éi)   **B** (bí)   **C** (cí)   **D** (dí)   **E** (i)

F (ef)   **G** (yí)   **H** (éich)   **I** (ái)   **J** (yéi)

K (kéi)   **L** (él)   **M** (em)   **N** (en)   **O** (óu)

P (pí)   **Q** (kíu)   **R** (ar)   **S** (és)   **T** (tí)

U (iú)   **V** (ví)   **W** (dóbliu)   **X** (éx)   **Y** (uáy)

Z (zí)

Hablando nos entendemos...

No entiendo
I do not understand
Ái du not ónder-stand

Por favor, hable más despacio
Please, speak more slowly
Plis, spík mor slóuli

¿Qué quiere decir?
What does that mean?
Uát dos dat mín?

Hablo poco inglés
I speak little english
Ái spík lítel inglish

No hablo inglés
I do not speak english
Ái du not spík inglish

Trate de comprenderme
Try to understand me
Trái tu ónder-stand mi

I SPEAK LITTLE ENGLISH

Repítalo otra vez, por favor
Please, repeat it again
Plis, ripít it eguéin

Yo hablo inglés
I speak english
Ái spík inglish

Emergencias

¡Socorro!
Help!
Jelp!

¡Auxilio, ayúdenme!
Help me, help me!
Jélp mi, jélp mi!

¡Fuego!
Fire!
Fáiar!

¡Peligro!
Danger!
Déinyer!

¡Cuidado!
Look out!
Luk áut!

¡Llama a una ambulancia!
Call an ambulance!
Col an ámbulans!

¡Esta es una emergencia!
This is an emergency!
Dis is an eméryenci!

Estoy perdido
I am lost
Ái am lost

Me persiguen
I am being chased
Ái am bi-in chéisd

He perdido mi dinero
I have lost my money
Ái jav lost mái móni

Tuve un accidente
I had an accident
Ái jad an akcident

MY CAR IS BROKEN

Mi automóvil está descompuesto
My car is broken
Mái car is bróuken

Llame a la policía
Call the police
Col di polís

¿Dónde está la estación de policía?
Where is the police station?
Juéar is di polís stéichion?

¡Me han robado!
I have been robbed
Ái jáv bin róbd

¡Tenga cuidado!
Be careful
Bi kéful

¡Te agarraré!
I will get you!
Ái uíl gué yu!

Defensa personal
Self defense
Self-diféns

¡Lárguese de aquí!
Get the hell out of here!
Guet di jel áut of jíar!

No me importa nada
I don´t give a damn
Ái dont guif éi dám

Buscando trabajo

Se solicita empleado
Help wanted
Jelp uánted

Estoy buscando empleo
I am loking for a job
Ái am lúkin for éi yob

Desearía tener una entrevista
I would like to have an appointment
Ái úud láik tu jav an apóintment

Vi el aviso en la vidriera
I saw the sign in the window
Ái só de sáin in de uíndou

Sí, tengo experiencia
Yes, I have experience
Yés, ai jáv expíriens

¿Cuánto ganaré?
How much will I make?
Jáu móch úil ái méik?

¿Cuándo puedo empezar?
When can I start?
Juén can ái stárt?

¿Es este empleo fijo?
Is this a permanent job?
Is dís éi permanent yób?

¿Es este empleo temporal?
Is this a temporary job?
Is dís eí temporéri yób?

I AM LOOKING FOR A JOB

Estoy dispuesto a trabajar tiempo extra
I am willing to work overtime
Ái ám uíl in tú uórk óver-táim

Estoy dispuesto a trabajar en cualquier turno
I am willing to work in any shift
Ái ám uílin tu uórk in éni shift

Estoy dispuesto a trabajar turno nocturno
I am willing to work night shift
Ái ám uílin tu uórk náit shift

Tengo mi propio vehículo de transporte
I have my own transportation
Ái jáv mái óun transportéichion

Puedo trabajar los fines de semana
I can work on weekends
Ái cán uórk on ufk-énds

¿Tendré derecho a beneficios?
Would i have benefits?
Uúd ái jáv bénefits

¿Cuál es la norma sobre vacaciones?
What is the policy about vacations?
Juát is de pólici abaút vaquéichions?

**¿Tenemos espacios
para estacionarnos?**
Do we have parking facilities?
Dú uí jáv párkin facílitis?

I LIKE THIS
KIND OF JOB

¿Quién es el encargado?
Who is the foreman?
Jú is de fórman?

**¿Quién me dará
capacitación?**
Who is going to give me training?
Jú is góin tu guív mí tréinin?

Me gusta este tipo de trabajo
I like this kind of job
Ái láik dís káind of yob

Estoy dispuesto a trabajar en lo que sea
I am willing to work in any job
Ái am uíling tu uórk in éni yob

Necesito trabajar
I need to work
Ái níd tu uórk

No quiero sellos de alimentos, quiero trabajar
I do not want food stamps, I want a job
Ái du not uánt fúud stamps, ái uánt éi yob

Todo lo que quiero es trabajar
All I want is to work
Ol ái uánt is tu uórk

Puedo ayudarlo a ahorrar tiempo y dinero
I can help you to save time and money
Ái can jelp yu tu séiv táim and móni

Tengo experiencia en este trabajo
I have experience in this work
Ái jav expíriens in dis uórk

¿Quién es mi supervisor?
Who is my supervisor?
Júu is mái superváisor?

Tengo muchas cosas que hacer
I have many things to do
Ái jav méni zings tu du

I HAVE MANY THINGS TO DO

¿Puedo conseguir ayuda?
Can I get help?
Can ái guét jelp?

Quiero estar seguro
I want to be sure
Ái uánt tu bi chúar

Este es mi número de seguridad social
This is my social security number
Dis is mái sóchial sekiúriti nómber

Pertenezco al sindicato
I belong to the union
Ái bilóng tu di iunión

No pertenezco al sindicato
I do not belong to the union
Ái du not bilóng tu di iunión

No me han pagado
I have not been paid
Ái jav not bíin peíd

I NEED TO LEAVE EARLY, COULD IT BE POSIBLE?

¿Qué tiene de malo?
What is wrong about it?
Uát is rong abáut it?

Puedo trabajar tiempo extra
I can work overtime
Ái can uórk over-táim

Tarjeta de tiempo trabajado
Time card
Táim card

Necesito salir temprano, ¿puede ser posible?
I need to leave early, could it be posible?
Ái níid tu lív érli, cúd it bi pósible?

Siento haber llegado tarde
I am sorry I am late
Ái am sóri ái am léit

Te puedo ayudar en tu trabajo
I can help you in your work
Ái can jelp yu in yúar uórk

No lo sabía
I did not know
Ái did not nóu

Seguridad social
Social security
Sóchial sekiúriti

Atención médica
Medicare
Medikéar

Bienestar social
Welfare
Uélféar

Sellos de alimento
Food stamps
Fúud stamps

Desempleo
Unemployment
Unemplóiment

Ir al médico

Necesito ver a un médico
I need to see a doctor
Ái níid tu si éi dóctor

Tuve un accidente
I had an accident
Ái jád an áksident

Mi bebé está enfermo
My baby is ill
Mái béibi is ill

Me siento mal
I feel sick
Ái fíl sick

Me duele
It hurts
It jrts

Necesito una receta
I need a prescription
Ái níid éi prescrípchion

Tengo dolor de cabeza
I have a headache
Ái jáv éi jéd-éik

IT HURTS!!

Tengo dolor de estómago
I have a stomach pain
Ái jáv a stomach pain

Tengo un resfriado
I have a cold
Ái jáv éi cóuld

Estoy tosiendo mucho
I am coughing a lot
Ái am cófin éi lot

Tengo fiebre
I have fever
Ái jáv fíver

Me he cortado
I have cut myself
Ái jáv cot máiself

Tengo algo en el ojo
I have something in my eye
Ái jáv som-zing in mái ái

Tengo una erupción
I have a rash
Aí jav éi rach

Me pica
It itches
It itches

Me he quebrado la pierna
I have broken my leg
Ái jáv bróuken mái leg

Necesito ir al dentista
I need to go to the dentist
Ái níid tu góu tu di déntist

¿Dónde está el dentista?
Where is the dentist?
Juéar is di déntist?

Tengo dolor de muelas
I have a toothache
Ái jáv éi tus-éik

Se me rompió la dentadura
My denture is broken
Mái dénchur is bróuken

La hora (el reloj

Las dos
Two o' clock
Tú o' clo

Tres y media
Three thirty
Zrí zérti

Ocho menos cuarto
Quarter to eight
Kuóter tu éit

Ocho y cuarto
Quarter past eight
Kuóter past éit

Nueve menos cinco
Five to nine
Fáiv tu náin

Diez y diez
Ten minutes past ten
Ten mínits past ten

¿Qué hora es?
What time is it?
Uát táim is it?

¿Tiene reloj?
Do you have a watch?
Du yu jáv éi uátch?

¿A qué hora tiene que estar allí?
At what time do you
have to be there?
At uát táim du yu
jáv tu bí déar

El cuerpo

Cara
Face
Féis

Cabeza
Head
Jet

Rodilla
Knee
Ní

Muñeca
Wrist
Rist

Boca
Mouth
Maus

Pelo
Hair
Jéar

Tobillo
Ankle
Ánkel

Mano
Hand
Jánd

Mentón
Chin
Chin

Espalda
Back
Bak

Pie
Foot
Fut

Dedo
Finger
Fínguer

Ojos
Eyes
Áis

Pecho
Chest
Chest

Dedo del pie
Toe
Tóu

Nariz
Nose
Nóus

Estómago
Stomach
Stómak

Brazo
Arm
Arm

Oídos
Ears
Íars

Cadera
Hip
Jip

Hombro
Shoulder
Chólder

Cuello
Neck
Nek

Pierna
Leg
Leg

Codo
Elbow
Élbou

26

Yo soy...

Alto
Tall
Tol

Bajo
Short
Chort

Gordo
Fat
Fat

Joven
Young
Yong

Delgado
Thin
Zin

Viejo
Old
Óuld

Compromisos

No es tarde
It is not late
It is not léit

Estaré allí
I´ll be there
Ái'l bi déar

Me levanto temprano
I get up early
Ái guét up érli

Tengo una cita
I have an appointment
Ái jáv an apóintment

¿A qué hora te acuestas?
At what time do you go to bed?
At uát táim du yu góu tu bed?

Mañana
Morning
Mórnin

Tarde
Afternoon or evening
After- núun o ífnin

Noche
Night
Náit

I HAVE AN APPOINTMENT

Banco y negocios

Quiero abrir una cuenta de cheques
I want to open a checking account
Ái uánt tu oupen éi chékin acáunt

Quiero cambiar un cheque
I want to cash a check
Ái uánt tu cach éi chek

Quiero abrir una cuenta de ahorros
I want to open a savings account
Ái uánt tu óupen éi séivins acáunt

Esta es mi referencia bancaria
This is my bank referente
Dis is mái bank réferens

Tengo crédito / cuenta abierta
I have an open acconunt
Ái jav an óupen acáunt

I WANT TO CASH A CHECK

Quiero hacer un depósito
I want to make a deposit
Ái uánt tu méik a depósit

Este es mi depósito
This is my deposit slip
Dis is mái depósit slip

Por favor, cámbieme este cheque
Please, cash this check for me
Plis, cach dis chek for mi

¿Qué tipo de cuenta desea?
What type of account do you want?
Uát táip of acáunt

Quiero un cheque de administración
I want a cashier's check
Ái uánt éi cachíer's chek

Quiero comprar un giro bancario
I want to buy a bank draft
Ái uánt tu bái éi bank draft

¿A quién quiere que se pague este giro?
To whom do you·want to make this draft payable?
Tu·júum du yu uánt tu méik dis draft péiyabel?

Quiero comprar un giro postal
I want to buy a money order
Ái uánt tu bái éi móni órder

¿Hay algún cargo para el giro postal?
Is there a charge for the money order?
Is deár éi charch for di móni órder?

Quiero hacer un retiro de dinero
I want to withdraw money
Ái uánt tu uíz- dró móni

¿Quiere algún cambio?
Do you want some change?
Du yu uánt sóm chéinch?

¿Cómo lo quiere?
How do you want it?
Jáu du yu uánt it?

Lo quiero en billetes de cinco y diez
I want it in fives and tens
Aí uánt it in fáivs and tens

Esta es mi identificación
This is my I.D.
Dis is mái ái dí

¿Me puede dar su identificación?
May I have your i.D.?
Méi ái jav yúar ái dí?

Voy a endosar el cheque
I am going to endorse the check
Ái am gói tu endórs di check

¿Tiene cuenta de banco?
Do you have a bank account?
Du yu jav éi bank acáunt?

¿Cuánto quiere depositar?
How much do you want to deposit?
Jáu moch du yu uánt tu dipósit?

Por favor, envíeme los estados de cuenta
Please send the bank statements
Plís send di bank stéitments

¿A qué hora cierran los bancos?
At what time the banks close?
Au uát táim di banks clóus?

Moneda falsa
Counterfeit money
Cáunter- fít móni

Interés simple
Simple interest
Simple ínterest

Interés compuesto
Compound interest
Compáund ínterest

32

Hacer un cheque de banco

Casi todos los cheques siguen el mismo formato. Piden el nombre de la persona o empresa a quien se le va a pagar y la cantidad.

Pay to the order (páguese a la orden de)

En la primera línea se escribe el nombre de la persona y la cantidad en números, en el siguiente renglón la cantidad a pagar en letras, los centavos en números.

En *for* (para se indica el motivo del cheque y en la última línea la firma o sello.

Hacer un depósito de banco

En el renglón de *currency* se pone la cantidad del efectivo que va a depositar

En el renglón de *coin*, las monedas

Los cheques que se van a depositar se muestran donde se indica *checks* y las cantidades se suman para llegar a un total.

Hacer negocio, negociar
To do business
Tu du bísnes

El tiempo es dinero
Time is money
Táim is móni

¿Qué clase de negocio es este?
What kind of business is this?
Uát káin of bísnes is dis?

El primero que llegue, se servirá primero
First come, first served
Férst cóm, férst sérvd

¿Puedo ayudarlo en algo?
May I help you?
Mái ái jelp yu?

Los clientes son lo más importante
Customers come first
Cóstomers cóm ferst

No te metas en lo que no te importa
Mind your own business
Máind yúar óun bísnes

Eso no me importa
This is not my business
Dis is not mái bísnes

Favor de darme un recibo
Please give me a receipty
Plís gív mí a ricípt

¿Hay que pagar algún impuesto?
Is there any tax envolved?
Is déar éni tax involvd?

Dividamos la diferencia
Let´s split the difference
Let´s split di díferens

Al mejor postor
To the highest bidder
Tu di jáiest bírer

Ojalá no salga perdiendo
I wish I come out even
Ái uísch ái cóm áut íven

Estos son mis gastos
These are my expenses
Dis ar mái expénses

PLEASE GIVE
ME A RECEIPTY

No estoy arruinado
I am not broke
Ái am not bróuk

Me gusta el negocio, pero prefiero tener amigos
I like business, but prefer to have friends
Ái láik bísnes, bot preférr tu jav fréns

De compras

Quiero ir de compras
I want to go shopping
Ái uánt tu góu chópin

¿Dónde puedo probarme esto?
Where may I try this on?
Juéar méi ái trái dis on?

¿Dónde pago?
Where do I pay?
Juér du ái péi?

Solo estoy mirando
I am just looking
Ái am jost lúkin

Esta es mi tarjeta de crédito
This is my credit card
Dis is mái crédit kard

Venta especial
Special sale
Spéchial séil

Tengo efectivo
I have cash
Ái jav cach

¿En efectivo o tarjeta de crédito?
Cash or charge?
Cach or chárch?

Muy caro
Very expensive
Véri expénsiv

Busco algo que no sea caro
I am looking for something unexpensive
Ái am lúkin for som-zing onexpensiv

Busco gangas
I am looking for bargains
Ái am lúkin for bárgans

El precio es correcto
The price is right
Di práis is ráit

El precio es muy caro
The price is too high
Di práis is tu jái

¿Cuánto le debo?
How much do I owe you?
Jáu moch du ái óu yu?

Necesito conseguir dinero
I have to get some money
Ái jav tu guét sóm móni

Ya le he pagado
I paid you already
Ái peid yu ol-rédi

No le debo nada
I don't owe you anything
Ái don't óu yu éni-zing

No se aceptan cheques
No checks accepted
No cheks acépted

¿Cuál te gusta más?
Which one you like best?
Uích uán yu láik best?

WHICH ONE
YOU LIKE BEST?

38

Los precios han subido
Prices went up
Práises went óp

Viendo aparadores
Window shopping
Uín dóu chópin

La temporada
Peak season
Pík síson

Precio de catálogo
List price
List práis

Mercado de ofertas
Flea market
Flí márket

¿Tiene un espejo?
Is there a mirror?
Is déar a míror?

Se me ve bien
It fits very well
It fits véri uél

No se me ve bien
It doesn´t fit
It dosen´t fit

Esto es lo que quiero
This is what i want
Dis is uát ái uánt

Me lo llevo
I will take it
Ái uíl téik it

Por favor, mándelo
Please, send it
Plís send it

¿Desea algo más?
Anything else?
Éni-zíng els?

No comprendo, escríbamelo
I don't understand, write it down
Ái don't ónder-stand, raít it dáun

40

Vamos a comer...

Cena o comida
Dinner or supper
Díner or sóper

La comida es buena
The food is good
Di fúud is gúud

THE FOOD IS
FRESH HERE

Huevos con jamón y café
Ham and eggs, whit coffee
Jám and égs, uíz cófi

La comida es fresca aquí
The food is fresh here
Di fúud is fresh jíar

¿Me puede dar el menú?
May I have the menú?
Méi ái jav di méniu?

¿Qué tiene para el postre?
What do you have for dessert?
Juát du yu jáv for disért?

Traiga la cuenta, por favor
Bring the check, please
Bring di chék, plís

Favor de firmar aquí
Please, sign here
Plís, sáin jíar

¿Ha almorzado ya?
Have you had lunch?
Jáv yu jad lonch?

Todavía no
Not yet
Not yét

DO YOU WANT SOME MORE?

¿Qué va a tomar?
What will you take?
Juát uíl yu téik?

Sírvase usted mismo
Help yourself
Jelp yúar- self

¿Quiere usted más?
Do you want some more?
Du yu uánt sóm mór?

¡Mesero!
Waiter!
Uéiter!

¿Puedo tomar una cerveza?
May I have a beer?
Méi ái jáv éi bíar?

Una botella de buen vino
A bottle of good wine
Éi bótel of gúud uáin

¡No puedo comer más!
I can´t eat any more!
Ái can´t í éni mór!

¿Me puede dar un vaso de agua?
May I have a glass of water?
Méu ái jáv éi glas of uóter?

Viajes

Me gustaría registrarme en el hotel
I would like to check in
Ái úud láik tu chék in

Quiero un cuarto sencillo
I want a single room
Ái uánt éi sínguel rúum

Quiero una habitación doble
I want a double room
Ái uánt éi dobel rúum

¿Cuánto tiempo se quedará?
How long are you staying?
Jáu long ar yu stéing?

La llave de mi cuarto
The key to my room
Dí ki tu mái rúum

Me iré mañana
I will leave tomorrow
Ái uíl lív tumórou

HOW LONG ARE YOU STAYING?

Salidas
Departures
Dipárchiurs

Llegadas
Arrivals
Araívals

Quiero ir en tren
I want to go by train
Ái uánt tu góu bái tráin

¿Dónde puedo comprar un boleto?
Where can I get a ticket?
Juéar can ái guét éi ticket?

Su pasaporte, por favor
Your passport, please
Yúar pas-port, plís

Voy al aeropuerto
I am going to the airport
Ái am góing tu di éar-port

Tengo una reservación
I have a reservation
Ái jáv éi reservéichion

¿A qué hora sale el vuelo?
At what time the flight leaves?
Aut uát táim di fláit lívs?

Comprobante de equipaje
Baggaje ticket
Báyach tíket

Me falta una de las maletas
One of my luggage pieces is missing
Uán of mái lógach píces is mísing

La hora de salilda ha sido cambiada
Departure time has been changed
Dipárchur táim jas bin chéinch´g

Favor de mantenerse sentados
Please, remain seated
Plís rimáis síted

Cuidado al caminar
Match your step
Uách yúar step

Le deseo una buena estancia
I wish you have a nice stay here
Ái uích yu jáv éi náis stéi jíar

Ir de visitas turísticas
Go sightseeing
Góu sáit-sí-in

Llanta sin aire
Flan tire
Flan táiar

Precio de ida y vuelta
Round trip fare
Ráund trip féar

Buen clima
Nice weather
Náis uéter

Tiempo de tormentas
Stormy weather
Stórmi uéder

Carretera principal
Main highway
Méin jái uéi

Salida de emergencia
Emergency exit
Iméryensi éxit

Vamos al espectáculo
We are going to the show
Uí ar going tu di chóu

¿A qué distancia está ese lugar?
How far is that place?
Jáu far is dat pléis?

Escríbeme cuando llegues
Write me upon getting there
Ráit mi upón guétin déar

Que tenga un buen viaje
Have a nice trip
Jáv éi náis trip

Estados del tiempo

Está lloviendo
It is raining
It is ráinin

Va a llover
It is going to rain
It is góin tu réin

Hace viento
It is windy
It is uíndi

Está nevando
It is snowing
It is snóu- in

Está nublado
It is cloudy
It is cláudi

Hace fresco
It is cool
It is cúul

Hace calor
It is hot
It is jót

Hace frío
It is cold
It is cóuld

IT IS HOT

Estaciones del año

Primavera
Spring
Spring

Verano
Summer
Sómer

Otoño
Autumn
Ótom

Invierno
Winter
Uínter

La familia

Abuela
Grandmother
Grand- móder

Abuelo
Grandfather
Grand-fáder

Abuelos
Grandparents
Grand-parénts

Apellido
Family name
Fámili néim

Apellido de soltera
Maiden name
Méiden néim

Casado
Married
Mérid

Cuñada
Sister in law
Síster in ló

Cuñado
Brother in law
Bróder in ló

Divorciado
Divorced
Divorcéd

Esposa, mujer
Wife
Uáif

Esposo, marido
Husband
Jósband

Hermana
Sister
Síster

Hermano
Brother
Bróder

Hija
Daughter
Dóter

Hijastro
Stepson
Step-son

Hijo
Son
Son

Hijo (a) adoptivo (a)
Foster son, foster daughter
Fóster son, fóster dóter

Huérfano
Orphan
Órfan

Madrastra
Stepmother
Step-móder

Madre, mamá
Mother, mom
Móder, mom

Mellizos, gemelos
Twins
Tuíns

Novia, novio
Girlfriend, boyfriend
Guérl frénd, bói frénd

Nieto, nieta
Grand-son, grand-daughter
Grand son, grand dóter

Nietos
Grandchildren
Grand chíldren

Nombre de pila
First name
Férst néim

Nuera
Daughter in law
Dóter in ló

Padrastro
Stepfather
Step fáder

Padre, papá
Father, dad
Fáder, dad

Padres
Parents
Párents

Primo
Cousin
Cósin

Sobrino, sobrina
Nephew, niece
Néfiu, nis

Soltera
Bachelorette, single
Bácheloret, singel

Soltero
Bachelor, single
Báchelor, singel

Suegro, suegra
Father in law, mother in law
Fáder in lo, móder in lo

Tío, tía
Uncle, aunt
Ónkel, ant

Viudo, viuda
Widower, widow
Uídoer, uídou

Yerno
Son in law
Son in ló

Frases de uso común

¿Qué desea usted?
What do you want?
Uát du yu uánt

¿Es eso una realidad?
Is that a fact?
Is dat éi fact?

Estar por ahí
To hang around
Tu jáng aráund

Yo debo protegerme
I got to protect myself
Ái got tu protéct mái selv

Peleare por mis derechos
I will fight for my rights
Ái uíl fáit for mái ráits

Mantenerse cerca, para ayudar
To stand by
Tu stán bái

Debí haberlo sabido
I should have known better
Ái shúuld jáv nóun béter

No seas tonto
Don't be silly
Don't bi síli

No se meta en lo que no le interesa
Mind your own business
Máind yúar oóun bísnes

¿Qué estás tratando de probar?
What are you trying to prove?
Juát ar yu trá-in tu prúv?

No quiero discutir contigo
I don't want to argue with you
Ái don't uánt to argüí uíz yu

No quiero problemas
I do not want any trouble
Ái du not uánt éni tróbel

Tengo muchas cosas que hacer
I have many things to do
Ái jáv méni zings tu du

¡Cómo es posible!
How come!
Jáu cóm!

No te preocupes
Don´t worry about it
Don´t uóri abáut it

¡Qué lastima!
What a pity!
Juá éi píti!

No siempre se puede ganar
You can´t win them all
Yu can´t uín dém ol

Estoy de acuerdo
That is ok
Dat is o kéi

Estoy bromeando
I am kidding
Ái ám kídin

Difícil de creer
Hard to believe
Járd tu bilíf

Me alegra que aceptara
I am glad you do
Ái am glad yu dú

Hablemos del asunto
Let´s talk about it
Let´s tók ábaut it

Me estas dando problemas
You are giving me a hard time
Yu ar gívin mí éi járd táim

Sin resentimiento
No hard feelings
No járd fílings

No te hagas el gracioso
Don't get too funny
Don't guet tu fóni

Depende de ti
This up to you
Dis is op tu yu

Arreglemos esto
Let´s fix this
Let´s fix dis

Haz lo que quieras
Do as you please
Du as yú plís

Tomalo con calma
Take it easy
Téik it ísi

Seguro
For sure
For chúar

No puedo hacer nada
There is nothing I can do
Déar is nózin ái can dú

¿De qué se trata?
What is all about
Juát is ol abáut?

Es cierto
That is true
Dat is trú

Tengo que llegar allí
I have to get here
Ái jáv tu guét déar

Me estoy volviendo loco
I am going crazy
Ái am góin créisi

Malas noticias
Bad news
Bad niús

Debes avergonzarte
Shame on you
Chéim on yu

Vamos a reunirnos
Lets get together
Let´s guét tuguéder

Mi día de suerte
My lucky day
Mái lóki déi

Devuélvemelo
Give it back to me
Guív it bak tu mi

Consígueme
Get for me
Guét for mí

Lo di por hecho
I took it for granted
Ái túk it for grant'd

Todavía no has visto nada
You ain't seen nothing yet
Yu aín't sín nózin yet

**Le daré una información
que le interesa**
I will give you a tip
Ái uíl gív yu éi tip

Terminar, suprimir algo
To put an end to…
Tu put an end tu…

No tiene sentido
It does not make sense
It dós not méik séns

Me gustas mucho
I like you a lot
Ái láik you éi lot

Por casualidad
By any chance
Ɓái éni chanz

Vamos, vengan
Come on
Cóm ón

Te recogeré
I will pick you up
Ái uíl pík yu óp

De mucho alcance
Far reaching
Fár ríchin

¿Para qué es eso?
What is that for?
Juát is dát for?

Le doy mi palabra
Take my word for it
Téik mái úord for it

57

Que tenga un buen fin de semana
Have a nice week end
Jáv éi náis uík- end

No tienes oportunidad alguna
You don´t have a chance
Yu don't jáv éi chans

Regresa
Turn back
Tern bak

Echálo a un lado
Put it aside
Put it asáid

Darse por vencido
To give up
Tu gív op

¿Bailamos?
Shall we dance?
Chal uí danz?

¿Vas a la fiesta?
Are you going to the party?
Ar yu góing tu di pári?

Acepto su invitación
I accept your invitation
Ái acept yúar invitéichion

Para bien o para mal
For better or for worse
For béter or for uórs

Lo peor que pueda pasar
When worse comes to worse
Juén uórs coms tu uórs

No tengo miedo
I am not afraid
Ái am not efréid

Es un tipo con suerte
He is a lucky guy
Jí is éi lóki gái

No me culpe
Don´t blame me
Don´t bléim mi

¡No me molestes!
Leave me alone!
Liv mi alón!

Referencias gramaticales

Desde el punto de vista gramatical, el idioma inglés es mucho más simple que el español.
No es nuestra intención adentrarnos en reglas gramaticales que complicarían el propósito de esta guía. Es solo un comienzo. Indicaremos algunas notas que pueden facilitarte el aprendizaje.

Los verbos en infinitivo, es decir, la forma verbal más simple, como trabajar, correr, etc. En inglés están precedidas de la preposición to.

Ejemplo:
Trabajar, en inglés sería: to work y su pronunciación: tu uórk.

El tiempo futuro en inglés se expresa a través de los auxiliares will (uíl) o shall (chal). Will se usa con más frecuencia.

El pasado de los verbos regulares, se forma agregándole al verbo, en la mayoría de los casos, las letras -ed. Existen verbos llamados irregulares, que no tienen una regla fija y sería demasiado complicado relacionarlos en esta fase. Sin embargo, la mayoría de los verbos son regulares.
Para indicar una posibilidad (similar al tiempo potencial del español, se utilizan los auxiliares would (úud) o should (chúud).

La terminación -ing en inglés en lo verbos indica continuidad (similar al gerundio en español), es decir las terminaciones -ando, -iendo.

Ejemplo:

Yo amo	i love	ai lov
Yo amaré	I will love	ai uíl lov
Yo amé	I loved	∩i loved
Yo amaría	I would love	ai úud lov
Amando	loving	loving

La pronunciación del tiempo pasado -ed es la de una d solamente. Sin embargo, si el verbo termina en **t** o **d**, se pronuncia ed.

Ejemplo:

Trabajé	worked	uórkd

Solo a modo de información, menionaremos que para expresar los tiempos verbales perfectos en el idioma inglés se utilizan los auxiliares be (bi), que significa ser o estar y have (jaf) que significa tener.

Los adjetivos en el idioma inglés son invariables, no cambian, en cuanto al género masculino y femenino.

Por ejemplo, en español dices: niño bonito y niña bonita; en inglés se dice: pretty boy y pretty girl. Pretty (bonito o bonita en este caso), que es el adjetivo, no cambia.

Tampoco cambia, ya sea singular (uno solo) o plural (varios).
En español, a los adjetivos se les agrega una -s cuando es plural (más de uno).

Ejemplo:

niños bonitos o niñas bonitas
Al adjetivo bonito o bonita, se le agrega una -s.
En inglés, el adjetivo se mantiene igual.
Pretty boys o pretty girls.
Nunca se expresa prettys boys o prettys girls, la -s está de más.

El plural de los nombres

Generalmente se forma agregando una -s o es.
Se agrega una -es cuando el nombre termina en **o, s, sh, ch** o **x**.

Ejemplos:

Singular	Plural
Pescado – fish	Pescados – fishes
Impuesto – tax	Impuesto – taxes
Vaso – glass	Vasos – glasses

Existen algunos plurales irregulares. Los más usuales son:

Hombre – man
Hombres - men
Mujer – woman
Mujeres – women
Niño – child
Niños – children
Diente – tooth
Dientes – teeth
Pie – foot
Pies – feet

Los adverbios que en español se expresan por la terminación -mente, en inglés lo hacen agregándole la terminación -ly.

Ejemplos   **Adverbios**
Claro –clear   Claramente – clearly
Rápido – rapid   Rápidamente – rapidly
Fuerte – strong   Fuertemente – strongly

Pronunciación del alfabeto inglés

A. Se identifica como... Éi
Se pronuncia como éi en may (méi) y como a en bank y car (bank)-(car). También se pronuncia como "o" en talk y walk (tok)-(uók).

B. Se identifica como... Bí
Se pronuncia como la b española en baby, brother (béibi, bróder) y también puede ser muda, como en doubt (dáut).

C. Se identifica como... Cí
Se pronuncia como la c española en car o coach (car, cóuch) y como la z en cease (zis).

D. Se identifica como... Dí
Se pronuncia como di, ejemplo: dinner (díner).

E. Se identifica como... I
Sin embargo, se pronuncia como la e española en bed o hell (bed o jel) y como i en people, be o he (pípol, bi, ji). Es muda al final de algunas palabras como en article y jungle (árticl, yóngol).

F. Se identifica como... Ef
Se pronuncia como la efe española en far y fell (far, fel).

G. Se identifica como... Yí
Se pronuncia como la g española en gotten, gather, (gó-ten, gáder) y también como yi en gem, gin, general (yem, yin, yéneral).

H. Se identifica como... Éich
Se pronuncia como la jota española.
Ejemplo: house, have, here (jáus, jav, jíar). También es muda como en hour, john (áuer, yon).

I. Se identifica como... Ái
Se pronuncia como ái en life, time (láif, táim) y como i en police o pin (polís, pin).

J. Se pronuncia como... Ye
Join, judge, jungle (yoín, yóch, yóngol).

K. Se identifica como... Kéi
Se pronuncia como la k española en "kill" o "kite" (kil, káit) y es muda cuando está antes de la n como en "knife", "knot" (nái f , not).

L. Se identifica como... Él
Se pronuncia igual al español. Ejemplos: "salad", "land" (salad, land).

M. Se identifica como... Em
Se pronuncia igual al español. Ejemplos:
"Mother", "morning", "money" (móder, mórnin, móni).

N. Se identifica como... En
Se pronuncia igual al español. Ejemplos: no, nobody (no, nobódi).

O. Se identifica como... Óu
Tiene varias pronunciaciones. Se pronuncia como
La o española en cost o song (cóust, song) y como la u
en to, do (tu, du). Como la a en house, now (jáus, náu).
También se pronuncia una o cuando aparece una doble o
Como en blood, flood (blod, flod).

P. Se identifica como... Pi
Se pronuncia como la p en español. Ejemplos: part,
apartment (part, apartment). Cuando se dobla se pronuncia como una sola p como en apple (apol). Es muda en
ocasiones, por ejemplo pneumonia (neumónia).

Q. Se identifica como... Ki
se pronuncia como la q española, pero la letra u que le
sigue, que en español sólo se pronuncia cuando tiene
diéresis (los puntitos arriba de la letra u) sí se pronuncia.
Ejemplos: question, inquire (quéstion, inquárr).

R. Se identifica como... Ar
Se pronuncia como la una r del español. Ejemplo: rose,
real (róus, rial).

S. Se identifica como... És
Se pronuncia igual a la s en español. Ejemplo: sound, safe

(sáund, séif). Acompañada de la h suena también igual que en español. Ejemplo: shadow, shelter (shádou, shélter). Es muda en ocasiones, por ejemplo en island (ailand).

T. Se identifica como... Ti
Se pronuncia igual que la "t" en español. Ejemplos: time, temper (táim, temper).

U. Se identifica como.... Iú
Se pronuncia cuando se compara con el español de diferentes maneras. Como la u en palabras como rumor, rule (rúmor, rul).
Como la o en crush, public (crosh, póblic).Como iú en fumes, fuse (fiúms, fiús).Como la e en burial, purse, burn (bérial, pérs, bern). En ocasiones es muda, como en guide, antique, guess (gáid, antíq, gues).

V. Se identifica como... Vi
Se pronuncia igual que en español. Ejemplo:adverse, visitor (advérs, visitor).

W. Se identifica como... (Dóbliu
Se pronuncia similar a la u en español. Ejemplo: well, water (uél, uóter). Es muda cuando le sigue la r. Ejemplo: write, wrong (ráit, róng).

X.   Se identifica como... Éx
Se pronuncia igual que en español, pero con más fuerza. Ejemplos: exact, exit, next (exáct, éxit, néxt).

Y. Se identifica como... Uáy

Se pronuncia como yéi. Ejemplos: year, yes, yesterday.
También como la i. Ejemplos: completely, day (complitli,
déi) y como si en nylon, style (náilon, stáil).

Z. Se identifica como... Zí

Tiene una pronunciación similar al español. Ejemplo:
zipper, zone, prize (ziper, zóun, práiz).

Vocabulario

Español	Inglés	Se pronuncia
		A
a,un,uno(a)	a	éi
a quien	whom	júm
a través	across	acrós
a través de	through	zrúu
abajo	down	dáun
abajo (escaleras)	downstairs	dáun-stérs
abandonado	abandoned	aíbandoned
abierto	open	óupen
abogado	lawyer	lóoyer
abrigo	coat	cóut
abuela	grandmother	grand-móder

Español	Inglés	Se pronuncia
abuelo	grandfather	grand-fáder
acerca de	about	abáut
aceite	oil	óil
ácido	acid	ácid
accidente	accident	áksident
activo	active	áctiv
actuar	act	áct
acumulador	battery	báteri
acuerdo	agreement	agríment
adelante	forth	forz
además	besides	bisáids
además, más	else	éls
adición	addition	adíchion
adiós	good-bye	gúud-bái
administrador	manager	mánayer
admirar	admire	admáiar
admitir	admit	admit
aereopuerto	airport	éar-port
afecto, cariño	affection	afékchion
afeitar	shave	chéiv
afiliación	affiliation	afíliaichon
agregar	add	ad
agua	water	uóter
aguantar	stand	estende
ahora	now	éar
aire	air	méison
alcanzar	reach	rich

Español	Inglés	Se pronuncia
alfiler	pin	pìn
álgido	algid	carpet
algo	something	aíljid
algún,ciertos	some	som
algunas veces	sometimes	som-táims
alguno, alguna	someone	som-uán
algunos (persona	few	fiú
algunos	several	séveral
aliado	allied	aláid
allí	there	déar
almohada	pillow	pílou
almuerzo	lunch	lonch
a lo largo de	along	alóng
alrededor de	around	aráund
alto	high	jái
alto (estatura	tal	tol
ama de casa	housewife	jáuse-uáif
ambos	both	bóuz
a menos que	unless	onlés
amiga, novia, compañera	girlfriend	guér-frénd
amigo-amiga	friend	frénd
amigo, novio, compañero	boyfriend	bói-frénd
amistad	friendship	frénd-chip
amor	love	lof
amplio, ancho	wide	uáid

Español	Inglés	Se pronuncia
ancho	broad	bróod
ángulo, rincón	angle	ánguel
animado, alegre	cheerful	chír-ful
animal	animal	ánimal
anterior	previous	prívious
antes	before	bi-fóar
año	year	yíar
apagar, lejos	off	of
apartamento	apartment	apártment
aprender	learn	lern
apretado	tight	táit
aprobación	approval	aprúval
apto	fit	fit
apurar	hurry	jéri
apurado	in a hurry	in éi jéri
aquí	here	jíar
árbol	tree	trĭi
argumento	argument	eírjument
arrancar	start	start
arreglar	arrange	aréinch
arriba	up	op
árroz	rice	ráis
arte	art	art
artículo	article	ártikel
artista	artist	ártist
asamblea	meeting	míitin
así	so	so

Español	Inglés	Se pronuncia
así, de manera	thus	dos
asiento	seat	sit
asunto	matter	máter
ataque	attack	aták
atención	attention	aténchion
atracción	atraction	atrákchion
aula	classroom	clas-rúum
aumentar	increase	incrís
aún	yet	yet
aun, incluso	even	íven
aún, todavía	still	stil
aunque	though	dóu
automóvil	car	car
autoridad	authority	ozóriti
avenida	avenue	áveniu
avión	plane	pléin
aeroplano	airplane	éar-pléin
aviso, consejo	advice	adváis
ayer	yesterday	yésterdi
ayuda	help	jelp
azar	chance	chiancie
azúcar	sugar	shúgar

Español	Inglés	Se pronuncia

Español	Inglés	Se pronuncia
bailar	dance	dans
bajarse	get off	guét of
bajo	low	lóu
banco	bank	bank
bandera	flag	flac
baño	bath	baz
barato	cheap	chip
barbudo	bearded	viearbed
barco	ship	chip
barnizar	varnish	uarich
barrer	sweep	suíp
base	base	béi
basura	garbage	gárbach
batir	shake	chéik
bebé	baby	béibi
beber	drink	drink
bello, hermoso	beautiful	biútiful
beso	kiss	kis
biblioteca	library	láibrari
bien	well	uél
bienvenido	welcome	uél-com
blando	soft	soft
blusa	blouse	bláus
boca	mouth	máuz
bolsa	bag	bag

Español	Inglés	Se pronuncia
bolsa (señora	purse	pers
bolsillo	pocket	póket
bomba, motor	pump	pómp
bonita	pretty	príti
borde	edge	édch
borracho	drunk	dronk
bosque	wood	úud
bota	boot	búut
bote	boat	bóut
botella	bottle	bótel
brazo	arm	arm
brillar	shine	sháin
brocha	paintbrush	peintbrouch
burro	donkey	dónki
caballo	horse	jórs
cabeza	head	jed

Español	Inglés	Se pronuncia
cable	wire	uáir
cabo	handle	jándel
cada	every	évri
cada día	everyday	évri-déi
cada uno	each one	ich-uán
cadena	chain	chéin
café	coffee	cófi
caja	box	box

Español	Inglés	Sé pronuncia
cajero	cashier	cachíer
calendario	calendar	cálendar
calidad	quality	kuáliti
caliente	warm	uórm
calle	street	stríit
calor	heat	jit
cama	bed	bed
camarada	fellow	félou
camarero	waiter	uéiter
cambio	change	chéinch
caminar	walk	uók
camino, ruta	way	uéi
camión	truck	trok
camisa	shirt	chert
campo	field	fild
campo, campamento	camp	camp
canción	song	song
cantor	singer	sínguer
capaz, competente	able	éibel
cara	face	féis
carburator	carburator	carburéitor
cárcel	jail	yéil
cargar a cuenta	charge	chárch
caricia	caress	carés
carne	meat	mit

Español	Inglés	Se pronuncia
caro	expensive	expénsif
carpintero	carpenter	carpenter
carretera	road	róud
carta	letter	léter
casa	house	jáus
casarse	marry	méri
casi	almost	olmóust
caso, caja	case	kéis
castigo	punishment	pónichment
causa	cause	cóos
centro	center	cénter
cepillo	brush	broch
cepillo dientes	toothbrush	tuz-broch
cera	wax	uáx
cero	zero	ziro
cerrar	shut	chot
cerradura	lock	lok
cerveza	beer	bíar
cheque	check	chek
chofer	driver	dráiver
choque	shock	chok
ciego	blind	bláind
cielo	sky	skái
cigarro	cigarette	sigaredte
cinturón	belt	belt
circo	circus	cércus
ciudadano	citizen	cítizen

Español	Inglés	Se pronuncia
claro	clear	clíar
clase	kind	káind
clase, aula	class	clas
clavo	nail	néil
cocina	kitchen	kítchen
cocinar, cocinero	cook	cúuk
cola, rabo	tail	téil
colgar	hang	jáng
color	color	cólor
comedor	dining-room	dáinin-rúum
comenzar	begin	biguín
comer	eat	it
comercial	comercial	comérchia!
cómico	funny	fóni
comida	meal	mil
comida (alimento	food	fúud
comida, cena	dinner	díner
¿cómo?	how	jáu
como (comparando	as	as
compañero(a	mate	méit
compañía	company	cómpani
competencia	contest	cóntest
comprender	understand	ónder-stánd
con	with	uíz
concierto	concert	cóncert

Español	Inglés	Se pronuncia
condición	condition	condíchion
conducta	conduct	cónduct
consejo	counsel	cáunsil
considerar	considerar .	consíder
contar	count	cáunt
contento	happy	jápi
contento, feliz	glad	glad
continente	continent	cóntinent
continuar	continue	contíniu
contra	against	eguéinst
control	control	cóntrol
conveniente	convenient	convínient
copa	cup	cop
copia	copy	cópi
coraje	courage	córach
corazón	heart	jart
corbata	tie	taí
correo	mail	méil
correr	run	ron
cortar	cut	cot
cortés, fino	polite	poláit
cortina	curtain	kértein
corto	short	chort
cosa	thing	zing
costo	cost	cost
crecer	grow	gróu
crédito	credit	crédit

Español	Inglés	Se pronuncia
creer	believe	bilíf
crimen	crime	cráim
cruzar	cross	cros
cuadrado	square	skuéar
cuadro	picture	píkchuar
cualquier	any	éni
cualquier cosa	anything	éni-zin
cualquiera (com-parando	either	íder
cualquiera (persona	anyone	éni-uán
cuando	when	uén
cuarto de baño	bathroom	baz-rúum
cubrir	cover	cóver
cuchara	spoon	spúum
cuchillo	knife	náif
cuello	neck	nek
cuenta	bill	bil
cuenta	account	acáunt
cuento, historia	story	stóri
cuenta, conteo	score	scóar
cuerpo	body	bódi
cuidado	care	kéar
cuidados	careful	kéar-ful
cumpleaños	birthday	bérz-déi
curva	curve	kérv

Español	Inglés	Se pronuncia
		D
daño	damage	dámach
dar	give	guív
de	of	of
de (de un lugar a otro	from	from
deber, debo	must	most
decidir	decide	disáid
decir	tell	tel
decir	say	séi
decisión	decision	decíchion
debería	should	chúud
dedo (de la mano	finger	fínguer
dedo (del pie	toe	tóu
de él, a él	him	jim
de ella	her	jer
dejar	let	let
delante, al frente	ahead	ajéd
delgado	thin	zin
demandar	demand	dimánd
demandar	sue	su
de nosotros	ours	auérs
densidad	density	densiti
dentro	into	íntu
dentro	within	uízin
deporte	sport	sport

Español	Inglés	Se pronuncia
de quien, cuyo	whose	júus
derecho	straight	stréit
derecho, derecha, correcto	right	ráit
devolver	return	ritérn
desayuno	breakfast	brék-fast
desde	since	sins
desear, querer	want	uánt
deseo, desear	wish	uích
deseo	desire	disáiar
deshonesto	dishonest	dis-ónest
despacio, lento	slow	slóu
despertar	wake up	uéik-up
después	after	áfter
detrás	behind	bijáind
de todos modos	anyway	éni-uéi
deuda	debt	det
día	day	déi
dibujar	draw	dróu
diccionario	dictionary	dichonari
dientes	teeth	tíiz
diferente	different	díferent
dinero	money	móni
Dios	God	God
dirección, domicilio	address	ádres
directo	direct	dairékt

Español	Inglés	Se pronuncia
disfrutar	enjoy	enyói
doblar	turn	Tern
doctor	doctor	dóktor
dolor	ache	éik
dolor	pain	péin
donde	where	juéar
donde quiera	wherever	juéar-éver
dormir	sleep	slíip
duda	doubt	dáubt
dueño	owner	ouner
duro	hard	jard

Español	Inglés	Se pronuncia
edificio	building	bíldin
educación	education	edukéichion
eficiente	efficient	efíchient
ejemplo	example	exámpel
ejército	army	ármi
él (pronombre	he	ji
el, la, los, las	the	di
(artículos		
él mismo	himself	jim-self
eléctrico	electric	eléktrik
ella	she	chíi
ella misma	herself	jer-self
ellos	they	déi

Español	Inglés	Se pronuncia
ellos, de ellos	them	dem
ellos mismos	themselves	dem-sélvs
empleado	employee, clerk	employí, clerk
empleador	employer	emplóiyer
en, dentro	in	in
encargado	manager	manaller
encontrar	find	fáind
en el pasado	ago	agóu
enfermo	ill	il
enfermo	sick	sik
enfermera	nurse	ners
en lugar de	instead	instéd
enojado	angry	ángri
enseguida	at once	at-uáns
en, a	at	at
en, sobre	on	on
entonces	then	den
entre (dos	between	bituín
entrada, boleto	ticket	ticket
entre (más de dos	among	amóng
entrega	delivery	delíveri
enviar	send	send
equipo	team	tíim
equivocación	mistake	mistéik
error	error	éror
es, estar	is	is

Español	Inglés	Se pronuncia
escaleras arriba	upstairs	opstéars
escapar	escape	eskéip
escena, etapa	stage	estéich
escoger	choose	chúus
escribir	write	ráit
escritorio	desk	desk
escuela	school	skúl
escuela secundaria	high school	jái-skúl
ese, aquel	that	dat
esquina	corner	córner
eso, ello	it	it
esos, esas	those	dóus
espacio	space	spéis
espalda, lomo	back	back
especial	special	spéchial
esperar	wait	uéit
espejo	mirror	míror
esperanza	hope	jóup
espiar	spy	ésipai
esposo	husband	jósband
esposa	wife	uáif
estaban	were	uéar
estable	stable	estaible
estado, declarar	state	stéit
esta noche	tonight	tu-náit
estar de pie	stand	stand

Español	Inglés	Se pronuncia
Este	East	íst
este, esta	this	dis
esto, estos	these	díis
estudiante	student	stiúdent
estudio	study	stódi
evento, suceso	event	ivént
examen	examination	examinéichion
excepto	except	excépt
explicar	explein	expléin
expresar	express	exprés
extraño	strange	stréinch

F

Español	Inglés	Se pronuncia
fábrica	factory	fáctory
fácil	easy	ísi
falso	false	fols
familia	family	fámili
fanfarrón	swanky	suankei
favor	favor	féivor
fecha	date	déit
feo	ugly	ógli
fervor	fervour	fiervour
fiesta	party	párti
festivo, vacaciones	holiday	jóli-déi
fijar	fix	fix

Español	Inglés	Se pronuncia
fila	row	róu
filtrar	filter	feíltrer
finalizar	finish	finísh
fin de semana	weekend	uík-end
fino, bueno	nice	náis
fino, delicado	fine	fáin
flete	freight	fréit
fondo, base	bottom	bótom
frente	front	front
fresco	fresh	frech
frío	cold	cóuld
fruta	fruit	frút
fuego	fire	fáir
fuera	out	áut
fuerte	strong	strong
fuerza	force	fórs
futuro	future	fiúcher
futuro (verbo auxiliar	shall	chal

G

Español	Inglés	Se pronuncia
gafas de sol	sunglasses	songlases
ganadero	cattle	caitle
ganancia	earnings	ernings
ganancia, utilidad	profit	prófit
ganar	win	u í n

Español	Inglés	Se pronuncia
ganar (salario	earn	ern
garganta	throat	zróut
gasolina	gasoline	gásolin
gastar	spend	spend
gastar, botar	waste	uéist
género	race	raise
gente, pueblo	people	pípol
gobierno	government	góvernment
caer, dejar	drop	drop
gracias	thank	zank
gráfico	graphic	gruafic
grana	seeding	seiding
grande	big	big
grande (grandioso	great	gréit
grande	large	lárch
(tamaño, extensión		
granja	farm	farm
grano	grain	gréin
grueso, gordo	fat	fat
grupo	group	grup
guardar	keep	kip
guardia	guard	gard
guerra	war	uór
agradar	like	láik
gusto probar	taste	téist

Español	Inglés	Se pronuncia

Español	Inglés	Se pronuncia
hablar, decir	talk	tóok
hablar	speak	spíik
había	been	bin
habitación	room	rum
hacer	do	du
hace	does	dos
(3ra. pers. singular		
hacer, fabricar	make	méik
hambriento	hungry	jóngri
hasta	until/ to	ontíl/ tu
hecho, realidad	fact	fact
hermana	sister	sister
hermano	brother	bróder
hierba	grass	gras
hierro	iron	áiron
hija	daughter	dórer
hijo	son	son
historia	history	jístori
hizo	did	did
hogar	home	jóum
hojalata	tinplate	tinplaite
hombre	man	man
hombres	men	men
hora	hour	áuer
horrible	awful	auful

Español	Inglés	Se pronuncia
hospital	hospital	jóspital
hoy	today	tudéi
huelga	strike	estraik
huérfano	orphaned	orfained
huevo	egg	eg
humano	human	jiúman
humillación	humillation	jiumillation

Español	Inglés	Se pronuncia
idea	idea	aidía
igual	equal	íkual
importante	important	impórtant
imprimir	print	print
impuesto	tax	tax
incómodo	uncomfortable	anconforteble
industria	industry	índustri
inferior	lower	louguer
ingeniero	engineer	inyiníar
inglés	english	ínglich
interés	interest	ínterest
invención	invention	invénchion
invitado	invited	invaited
ir	go	góu
Itinerario	itinerary	aítainari
izquierda	left	left

Español	Inglés	Se pronuncia

J

jabón	soap	sóup
jamás	ever	éver
jamón	ham	haem
jefe	boss	bos
jefe, principal	chief	chif
joven	young	yong
jubilado	pensioner	pensener
juego	game	guéim
juego, partido	match	match
juez	judge	yodch
jugar	play	pléi
jungla	jungle	youngle
junto	together	tuguéder
justicia	justice	yóstis
justo, honrado	just	yost
justificante	justifying	yostifaing
juventud	youth	yúuz

L

la mayoría	most	móst
labor	labor	léibor
lado	side	said
ladrillo	brick	brik
laminado	laminated	laeimineitid

Español	Inglés	Se pronuncia
largo	long	long
lápiz	pencil	péncil
lavar	wash	uách
lección	lesson	léson
leche	milk	milk
leer	read	ríid
legal	legal	legal
lengua	tongue	tong
lenguaje	language	lánguich
lejos	far·	far
lejos,fuera	away	euéi
ley	law	lo
libramiento	liberation	libereichion
libre	free	frí
libro	book	búuk
límite	limit	límit
limón	lemon	lémon
limpio	clean	clin
limpio, aseado	neat	níit
línea	line	láin
lista	list	list
llaga	wound	oáund
llamada	call	col
llave	key	ki
llegar	arrive	aráiv
lleno	full	ful
llevar, cargar	carry	quéri

Español	Inglés	Se pronuncia
llorar	cry	crái
lluvia	rain	réin
lubricante	lubricant	lubrikent
lugar	place	pléis
luto	mourning	maurning
luz	light	láit

Español	Inglés	Se pronuncia
madera	wood	úud
madre	mother	móder
maduro	ripe	ráip
maestro	teacher	tícher
mal	wrong	rong
maleta	suitcase	sut-kéis
malo	bad	bad
manejar	drive	dráiv
mano	hand	jand
mantener	hold	jóuld
maña	skill	esquil
mañana	morning	mórning
mañana (día siguiente	tomorrow	tumórou
mapa	map	map
máquina	machine	machín
mar	sea	síi
maravilloso	wonderful	uónderful

Español	Inglés	Se pronuncia
más	more	mor
más, además	plus	plos
más lejos	farther	fárder
material	material	matírial
mecánico	mechanic	mekánic
mecanógrafa	typist	taipist
medianoche	midnight	míd-náit
medida	measure	méchur
medida, tamaño	size	sáis
medio, mitad	middle	mídel
mediodía	noon	núun
mejor	best	best
mejorar	improve	imprúv
memoria	memory	mémori
menos	less	les
mensaje	message	mésach
mente	mind	máind
mentira	lie	lái
mercado	market	market
metal	metal	métal
mercancía	merchandise	merchandáis
mes	month	monz
mesa	table	téibel
método	method	mézod
metro, túnel	subway	sub-ueí
mí, a mí	me	mi
mi, mío	my	mái

Español	Inglés	Se pronuncia
miedo	fear	fíar
mitad	half	jaf
milla	mile	máil
millón	millon	mílion
minuto	minute	mínit
mío	mine	máin
mismo	same	séim
moda, estilo	fashion	fáchion
modelo	model	módel
molesto	annoying	anóing
momento	moment	móment
moneda	coin	cóin
montaña	mountain	máuntain
montar, pasear	ride	ráid
morir	die	đái
mostrar, espectáculo	show	chóu
motivo	motive	moútiv
motor	engine	ényin
motocicleta	motorcycle	mótor-sáikel
mover	move	múuv
muchacho	kid	kid
mucho	much	moch
muchos	many	méni
muerte	death	dez
muerto	dead	déed
mujer	woman	úman

Español	Inglés	Se pronuncia
mundo	world	uóld
muro	wall	úal
música	music	miúsic
muy	very	véri

Español	Inglés	Se pronuncia
nacer	born	born
nación	Nation	néichon
nada	nothing	nózin
nadar	swim	súim
nadie	nobody	no-bódi
narrar	related	rilaited
nativo	native	naitive
natural	natural	náchural
necesario	necessary	necésari
necesitar	need	nid
negative	negative	négatif
negocio	business	bísnes
nervioso	nervous	nérvus
neumático	tire	táiar
nieve	snow	snóu
niña	girl	guér
niño	boy	bói
nítido	sharp	charp
nivel	level	lével
no	no	nóu

Español	Inglés	Se pronuncia
no	not	not
noche	night	náit
nómada	nomad	neumad
nombre	name	néim
no puedo	cannot	can-not
normal	normal	nórmal
Norte	North	norz
nosotros	we	uí
nosotros mismos	ourselves	áuer-selfs
nosotros	us	us
(pronombre poses.		
nota	note	nóut
noticias	news	niús
novato	inexperienced	inéspiriense
nube	cloud	cláud
nuestro	our	áuer
Nueva York	New York	Niú York
nuevo	new	niú
número	number	nómber
nunca	never	néver

Español	Inglés	Se pronuncia

Español	Inglés	Se pronuncia
o (comparación	or	or
obtener, lograr	obtain	obtéin
obtener, llegar	get	guét
ocasión	occasion	okeíchion
Oeste	West	uést
oferta	offer	ófer
oficina	office	ófis
oficina de correo	post office	póust-ófis
oído	ear	íar
oír	hear	jíar
ojo	eye	ái
óleo	oil	oíl
oler	smell	smel
olvidar	forget	forguét
operador	operator	operéitor
opinión	opinion	opínion
oportunidad	chance	chans
orden	order	órder
ortografía	spelling	espéling
oscuro	dark	dark
otorgamiento	granting	grántin
otra vez	again	eguéin
otro	other	óder
otro más	another	anóder
oye	listen	lísen

96

Español	Inglés	Se pronuncia

padre	father	fáder
padres	parents	párents
pagar	pay	péi
página	page	péich
país	country	cóntrí
palabra	word	uórd
palo, vara	stick	stik
pan	bread	bred
pantalones	trousers	tráusers
papa	potatoes	potéito
papel	paper	péiper
paquete	parcel	párcel
paquete postal	parcel post	párcel-póust
para	for	for
parar	stop	Stop
parecer	seem	Slím
pared	wall	uól
pariente	relative	rélativ
párrafo	paragraph	páragraf
parte	part	párt
parte exterior	outside	áut-sáid
parte superior	top	top
partir	leave	líiv
pasar	pass	pas
pasado	past	past

Español	Inglés	Se pronuncia
pasajero	passenger	pásenyer
paso	step	step
pastel, torta	cake	kéik
pastilla	lozenge	lozind
patear	kick	kik
patio trasero	backyard	back-yard
paz	peace	píis
pecho	chest	chest
peine	comb	comb
película	movie	múvi
peligro	danger	déinyer
pelo	hair	jéar
pelota	ball	bol
pera	pear	píar
pérdida	loss	los
perfecto	perfect	pérfect
periódico	newspaper	nius-péiper
permitir	permit	permít
perro	dog	dog
persona	person	pérson
pertenecer	belong	bilóng
pensar	think	zink
pequeño	little	litel
perdido	lost	loúst
pescado	fish	fich
peso	weight	uéit
pie	foot	fut

Español	Inglés	Se pronuncia
piedra	stone	stóun
piel	skin	skin
piel, cuero	leather	léder
pierna	leg	leg
pieza	piece	píis
pintura	paint	péint
pinza	dart	deárt
pipa	pipe	páip
piscina	pool	púul
plan	plan	plan
planta, fábrica	plant	plant
plata	silver	sílver
plátano	banana	banana
plato	dish	dich
playa	beach	bich
pluma(escribir	pen	pen
pobre	poor	pour
poder	can	can
poder, fuerza	power	páuer
poder, permitir	can	can
podría	could	kúud
podría	might	máit
policía	policeman	polís-man
política	politics	pólitics
pollo	chicken	chíken
polvo	dust	dost
pomada	ointment	aútment

Español	Inglés	Se pronuncia
poner, colocar	set	set
popote	straw	estróu
por ciento	porcent	per-cent
por favor	please	plís
¿Por qué?	why?	juái?
porque	because	bicós
posible	possible	pósibel
posible, quizás	perhaps	perjáps
postura	position	pochisión
práctica	practice	práctis
precio	price	práis
preferir	prefer	prifér
pregunta	question	kuéstion
preguntar	ask	ask
preparar	prepare	pripéar
prestar	lend	lend
presentar	present	prisént
primavera	spring	spriñg
primero	first	ferst
principal	main	méin
prisión	prison, jail	prison, yéil
privado	private	práivat
probar	try	trái
probable	probable	próbabel
problema	problem	próblem
problema, dificultad	trouble	tróbel

Español	Inglés	Se pronuncia
procedencia	origin	oríyin
profundo	deep	díip
programa	program	prógram
progreso	progress	prógres
promesa	promise	prómis
promoción ascenso	promotion	promóuchion
pronto	soon	súun
propiedad	property	proupertié
propio, por sí mismo	self	self
propio, poseer algo	own	óun
propiedad	property	próperty
próximo	next	next
prueba	test	test
público	public	póblic
pueblo	town	taún
puente	bridge	brich
puerco, cerdo	pig	pig
puerta	door	dóar
punto	point	point

Q

| que (comparación | than | dan |
| ¿Qué? | what? | guát? |

Español	Inglés	Se pronuncia
quema	burning	boúrning
quedarse	stay	stéi
querido(da)	dear	díar
quiebra	break	breéic' k
¿Quién?	who?	júu?
quizá	perhaps	perjáps

R

Español	Inglés	Se pronuncia
rama, sucursal	branch	brarıch
rápido	fast	fast
raro	rare	réir
ratón	mouse	máus
razón	reason	ríson
recámara	bedroom	'bed-rúum
recibir	receive	ricíiv
recibo	receipt	ricíit
recoger, recolectar	pick, collect	pik, coléct
recordar	remember	rimémber
reemplazar	replace	ripláise
regalo	gift	gift
regla	rule	rúul
regular	regular	régiular
reloj, mirar observar	watch	uátch
reloj de pared	clock	clok

Español	Inglés	Se pronuncia
renunciar	give up	guív-up
repetir	repeat	ripíit
resbalar	slip	slip
respuesta	answer	ánsuer
resultado	result	risólt
reverso	reverse	revérs
rezar	pray	préi
rico	rich	rich
ridículo	ridiculous	ridicúlus
risa	laugh	laf
ropa, vestidos	clothes	clóuzes
roto	broken	bróuken
rubia	blond	blond
rueda	wheel	uíl
ruido	noise	nóis

S

Español	Inglés	Se pronuncia
saber	know	nóu
sabio, inteligente	wise	uáis
sacrificio	sacrifice	sacrifáise
sala	living room	lívin-rúum
salario	salary	sálari
salir, marcharse	leave	lív
saltar	jump	yomp
saludable, sano	healthy	jélzi

Español	Inglés	Se pronuncia
sansión	sanction	saénchion
sangre	blood	blod
sastre	tailor	teílor
seco	dry	drái
secretaria	secretary	secretári
secreto	secret	sícret
sector	sector	sékter
seguir	follow	fólou
segundo	second	sécond
seguro	save	séif
seguro, póliza	insurance	inchúrans
semana	week	uíik
semilla	seed	síid
sentarse	sit	sit
sentir	feel	fíil
señor (sr).	Mister (Mr).	míster
señor	Sir	ser
señora	Messrs (Mrs).	mísis
señora	Lady	léidi
señorita	Miss	mis
separar	separate	sépareit
ser, estar	be	bi
serio	serious	sírious
servir	serve	sérv
servicio	service	sérvis
sí (afirmar)	yes	yes
si (condición)	if	if

Español	Inglés	Se pronuncia
siempre	always	ol-uéis
siendo, estando	being	bi-in
significar	mean	míin
signo, señal	sign	sáin
silencio	silence	sáilens
silla	chair	chéar
sí mismo	itself	it-self
simple	simple	símpel
sin	without	uíz-aut
sin embargo	however	jáu-ever
sirviente	servant	sérvant
sistema	system	sístem
situación	situation	situéichion
sobre (correo)	envelope	énvilop
sobre, arriba	over	óver
sobrina	niece	níis
sobrino	nephew	néfiu
sociedad	society	sosáieti
socio	partner	pártner
sofisticado	sophisticated	sofísticait
sol	sun	son
soldado	soldier	sóldier
sólido	solid	sólid
solo	alone	alóun
sólo, por sí mismo (adv)	only	ónli
soltero	single	singuel

Español	Inglés	Se pronuncia
sombra	shadow	chadou
sonido	sound	sáund
sonrisa	smile	smáil
soplar	blow	blóu
sortear, clase	sort	sort
su, de él	his	jis
su, sus, de	their	déar
su, suyo	its	its
subir, aumentar	raise	réis
subirse	get on	guét on
suceder	happen	jápen
sucio	dirty	dérti
suelo, piso	floor	flóor
suficiente	enough	inóf
sufrir	suffer	sófer
suma, cantidad	amount	amáunt
supervisor	supervisor	superváisor
suponer tal	suppose	supóus
Sur	South	sáut
semejante	such	soch

taller	workshop	uórkchiop
también	too	túu
tarde (del día)	afternoon	áfter-núun
tarde (adverbio)	late	léit

Español	Inglés	Se pronuncia
tarjeta postal	postcard	póust-card
techo	ceilling	cíling
teléfono	telephone	télefon
telescopio	telescope	télescop
televisión	television	televíchion
temperatura	weather	uéder
tiempo (temprano	early	érli
tener, haber	have	jáv
tener miedo	afraid	efréid
tenía	had	jad
tiempo futuro	will	uíl
(verbo)		
tienda	shop	chop
tienda	store	stóor
(comestibles	grocery	gróceri
tiempo	time	táim
tiento	touch	tóushe
tierra	land	land
tijera	scissors	sísors
tinta	ink	ink
tío	uncle	ónkel
tirar, jalar	pull	pul
tocar, palpar	touch	och
todo	everything	éverizin
todo, todos	all	ol
todos nosotros	everyone	éveriuán
todavía	still	éstil

Español	Inglés	Se pronuncia
tomar	take	ttéik
tomate	tomato	toméito
trabajador	worker	uórker
trabajo, labor	job	job
traer, llevar	bring	bring
traje	suit	súut
tráfico	traffic	tráfik
tranquilo	quiet	kuáiat
trato, negocio	deal	díil
tren	train	tréin
triste	sad	sad
tu, tus	your	yúar

Español	Inglés	Se pronuncia
último	last	last
una vez	once	uáns
único	only	óunli
unir	join	yóin
unitario	unitary	junitari
universidad	University	iunivérsiti
urgente	urgent	uryént
usar	wear	uéar
usted	you	yú
uso	use	iús
utensilio	utensil	jutensel
útil	useful	iúsful

Español	Inglés	Se pronuncia

vaca	cow	cáu
vacación	vacation	vakéichion
vacío	empty	émpti
valor	value	váliu
varón(masculino	male	méil
vaso, cristal	glass	glas
vecino	neighbour	néibor
vegetariano	vegetarian	vegetérian
velocidad	speed	spíid
vender	sell	sel
veneno	poison	póison
venir	come	com
venta	sale	séil
ventaja	advantage	advantéich
ventana	window	uíndou
ver	see	síi
verano	summer	sómer
verdad	truth	truz
verbo	verb	vérb
vergüenza	shame	chéim
versión	version	vérsen
viajar	travel	travel
viaje	trip	trip
vida	life	láif

Español	Inglés	Se pronuncia
viejo	old	óuld
viga	beam	bím
vigencia	validity	veilíditi
violento	violent	váiolent
vista	view	viú
visita	visit	visit
vivir	live	lív
volar	fly	flai
voz	voice	vóis
vuelo	flight	fláit

Y

y	and	and
ya	already	olrédi
yeso	plaster	plaíster
yo mismo	myself	máiself

Z

zona	zone	soun